中华人民共和国强制性行业标准

公路工程行业标准编写导则

Drafting Regulation for Highway Engineering Industry Standards

JTG 1003—2023

主编单位：交通运输部公路局
　　　　　中国工程建设标准化协会公路分会
批准部门：中华人民共和国交通运输部
实施日期：2023年07月01日

人民交通出版社股份有限公司
北　京

律师声明

本书所有文字、数据、图像、版式设计、插图等均受中华人民共和国宪法和著作权法保护。未经人民交通出版社股份有限公司同意，任何单位、组织、个人不得以任何方式对本作品进行全部或局部的复制、转载、出版或变相出版。

本书封面贴有配数字资源的正版图书二维码，扉页前加印有人民交通出版社股份有限公司专用防伪纸。任何侵犯本书权益的行为，人民交通出版社股份有限公司将依法追究其法律责任。

有奖举报电话：(010) 85285150

北京市星河律师事务所
2020 年 6 月 30 日

图书在版编目（CIP）数据

公路工程行业标准编写导则：JTG 1003—2023 / 交通运输部公路局，中国工程建设标准化协会公路分会主编. — 北京：人民交通出版社股份有限公司，2023.4
ISBN 978-7-114-18257-0

Ⅰ.①公… Ⅱ.①交…②中… Ⅲ.①道路工程—行业标准—编写—中国 Ⅳ.①U41-65

中国版本图书馆 CIP 数据核字（2022）第 186777 号

标准类型：中华人民共和国强制性行业标准
标准名称：公路工程行业标准编写导则
标准编号：JTG 1003—2023
主编单位：交通运输部公路局
　　　　　中国工程建设标准化协会公路分会
责任编辑：丁　遥
责任校对：赵媛媛　龙　雪
责任印制：张　凯
出版发行：人民交通出版社股份有限公司
地　　址：(100011) 北京市朝阳区安定门外外馆斜街 3 号
网　　址：http://www.ccpcl.com.cn
销售电话：(010) 59757973
总 经 销：人民交通出版社股份有限公司发行部
经　　销：各地新华书店
印　　刷：北京市密东印刷有限公司
开　　本：880×1230　1/16
印　　张：3.25
字　　数：73 千
版　　次：2023 年 4 月　第 1 版
印　　次：2023 年 4 月　第 1 次印刷
书　　号：ISBN 978-7-114-18257-0
定　　价：40.00 元
（有印刷、装订质量问题的图书，由本公司负责调换）

中华人民共和国交通运输部
公 告

第 16 号

交通运输部关于发布
《公路工程行业标准编写导则》的公告

现发布《公路工程行业标准编写导则》（JTG 1003—2023），作为公路工程强制性行业标准，自 2023 年 7 月 1 日起施行，《公路工程标准编写导则》（JTG A04—2013）同时废止。

《公路工程行业标准编写导则》（JTG 1003—2023）由交通运输部公路局与中国工程建设标准化协会公路分会共同编制，管理权和解释权归交通运输部，日常管理和解释工作由主编单位交通运输部公路局负责。

请各有关单位注意在实践中总结经验，及时将发现的问题和修改建议函告中国工程建设标准化协会公路分会（地址：北京市海淀区西土城路 8 号，邮政编码：100088）。

特此公告。

中华人民共和国交通运输部
2023 年 3 月 23 日

交通运输部办公厅　　　　　　　　　　　　　　　　2023 年 3 月 27 日印发

前　言

根据《交通运输部关于下达2018年度公路工程行业标准制修订项目计划的通知》（交公路函〔2018〕244号）的要求，由交通运输部公路局和中国工程建设标准化协会公路分会承担《公路工程行业标准编写导则》（JTG 1003—2023）（以下简称"本导则"）的修订工作。

本导则在全面总结公路工程行业标准编写经验基础上，围绕"编写什么""如何编写"以及"编写示例"三个方面，对标准的编写内容、要求和书写格式等作出规定，作为制修订公路工程行业标准时共同遵守的基础标准。

本导则根据《公路工程标准体系》（JTG 1001—2017）的定位进行编写，与现行《公路工程行业标准制修订管理导则》（JTG 1002）相协调。本次修订增加了可引用团体标准的内容，增加了报批稿报部内容的要求，统一了条文说明的位置，删除了强制性条文、条文的注、分项等相关内容。

本导则修订后包括7章和8个附录：1 总则、2 前引部分、3 正文部分、4 补充部分、5 条文说明、6 编写方法、7 编排规则，附录A 公路工程行业标准封面格式、附录B 公路工程行业标准扉页格式、附录C 公路工程行业标准公告格式、附录D 公路工程行业标准前言示例、附录E 公路工程行业标准层次及编号格式、附录F 公路工程行业标准条文和条文说明排列格式、附录G 公路工程行业标准中的字号和字体、附录H 常用法定计量单位。

本导则由于光、王太负责起草第1章，王太、张建军、于光负责起草第2章及附录A、附录B，张建军、沈毅、朱作云负责起草第3章及附录E，赵尚传、吴有铭负责起草第4章及附录F，张慧彧、陈冉负责起草第5章，陈冉、朱作云负责起草第6章及附录C、附录D，于光、吴有铭、丁遥、朱作云负责起草第7章及附录G、附录H。

请各有关单位在执行过程中，将发现的问题和意见，函告本导则日常管理组，联系人：朱作云（地址：北京市海淀区西土城路8号，中国工程建设标准化协会公路分会，邮编：100088；电话及传真：010-62079839；邮箱：shc@rioh.cn），以便下次修订时参考。

主编单位：交通运输部公路局
　　　　　　中国工程建设标准化协会公路分会

主　　　编：于　光
主要参编人员：王　太　张建军　张慧彧　陈　冉　沈　毅　朱作云
　　　　　　　赵尚传　吴有铭　丁　遥

主　　　审：李春风
参与审查人员：周　伟　成　平　霍　明　张劲泉　汪　晶　孟书涛
　　　　　　　周绪利　郜玉兰　周荣贵　刘怡林　聂承凯

目　次

1 总则 ··· 1
2 前引部分 ··· 3
3 正文部分 ··· 5
　3.1 一般规定 ·· 5
　3.2 总则 ·· 5
　3.3 术语和符号 ·· 6
　3.4 技术规定 ·· 6
　3.5 引用标准 ·· 7
4 补充部分 ··· 9
　4.1 一般规定 ·· 9
　4.2 附录 ·· 9
　4.3 用词用语说明 ··· 9
5 条文说明 ··· 11
6 编写方法 ··· 12
　6.1 一般规定 ·· 12
　6.2 编制大纲 ·· 12
　6.3 征求意见稿 ··· 13
　6.4 送审稿 ·· 14
　6.5 总校稿 ·· 15
　6.6 报批稿 ·· 16
7 编排规则 ··· 17
　7.1 一般规定 ·· 17
　7.2 编排格式 ·· 17
　7.3 表 ·· 20
　7.4 图 ·· 22
　7.5 公式 ·· 23
　7.6 数值 ·· 24
　7.7 计量单位和符号 ·· 25
　7.8 汉字及标点符号 ·· 26
　7.9 注 ·· 26

附录 A	公路工程行业标准封面格式	28
附录 B	公路工程行业标准扉页格式	30
附录 C	公路工程行业标准公告格式	32
附录 D	公路工程行业标准前言示例	34
附录 E	公路工程行业标准层次及编号格式	36
附录 F	公路工程行业标准条文和条文说明排列格式	37
附录 G	公路工程行业标准中的字号和字体	38
附录 H	常用法定计量单位	40
本导则用词用语说明		43

1 总则

1.0.1 为指导公路工程行业标准编制工作,统一公路工程行业标准编写要求,保证编写质量,制定本导则。

1.0.2 本导则适用于公路工程建设、管理、养护、运营所需行业标准的编写。

1.0.3 公路工程强制性行业标准应对下列内容进行规定:
  1 保障人身健康和生命财产安全、国家安全、生态环境安全的技术要求;
  2 材料性能、构造物几何尺寸等需要统一的技术指标;
  3 重要的试验、检验、评定、信息需要统一的技术标准;
  4 保障公路网安全运行需要统一的技术标准;
  5 其他需要统一控制的公路工程行业标准。

1.0.4 公路工程推荐性行业标准对本导则第1.0.3条规定之外的内容进行规定。

1.0.5 公路工程行业标准的名称应符合下列规定:
  1 标准的名称应准确反映主题,简练明确。
  2 标准的名称宜由对象、用途和特征名三部分组成。
     如:《公路路基　　施工技术　　规范》
     　　（对象）　　（用途）　　（特征名）
  3 标准的对象已说明其用途时可由对象和特征名两部分组成。
  4 标准的特征名应根据标准的性质和内容确定,并应符合现行《公路工程行业标准制修订管理导则》(JTG 1002)的规定。
  5 标准的名称应有对应的英文译名。

条文说明

　　公路工程行业标准名称是对标准技术内容的集中体现。特征名"标准"、"规范"、"规程"、"导则"、"细则"、"指南"、"通用图"等都是标准的具体表现形式。

1.0.6 公路工程行业标准编写应做到范围适宜、逻辑严谨、格式规范、结构合理、用词准确、语义清晰、规定明确。

1.0.7 公路工程行业标准应由前引部分、正文部分和补充部分构成。

1.0.8 编写公路工程行业标准正文宜同时编写条文说明。

1.0.9 条文说明应为公路工程行业标准正文的解释和说明，但不具备法律效力。

2 前引部分

2.0.1 标准前引部分应包括封面、扉页、公告、前言和目次。

2.0.2 封面应包括下列内容：
1 公路工程行业标准的标识：JTG。
2 标准编号：JTG ××××—×××× 或 JTG/T ××××—××××。公路工程行业标准的编号由行业标准代号、标准序号、标准发布年号组成。公路工程强制性行业标准的代号为"JTG"，公路工程推荐性行业标准的代号为"JTG/T"。
3 标准的中文名称和英文译名。
4 标准的发布日期和实施日期。
5 标准的发布部门。

2.0.3 公路工程强制性行业标准和公路工程推荐性行业标准的封面格式应符合本导则附录 A 的有关规定。

2.0.4 扉页应包括下列内容：
1 "中华人民共和国强制性行业标准"或"中华人民共和国推荐性行业标准"字样；
2 标准的中文名称；
3 标准的英文译名；
4 标准的编号；
5 标准的主编单位；
6 标准的批准部门；
7 标准的实施日期；
8 出版机构的名称；
9 出版地点。

2.0.5 扉页的格式应符合本导则附录 B 的有关规定。

2.0.6 标准的发布公告应紧接扉页另页起排，格式应符合本导则附录 C 的有关规定。

2.0.7 前言应紧接发布公告另页起排，格式应符合本导则附录 D 的有关规定。前言应包括下列内容：

1 制修订标准的任务来源和主编单位，所依托的重大工程（如有）；
2 标准制修订的指导思想、编写原则和主要技术内容；
3 修订标准的技术内容修订要点；
4 编写组人员分工；
5 标准的管理部门、标准日常管理组、联系人员名单及联系方式（地址、电话、传真、电子邮箱等）；
6 标准的主编单位、参编单位，主编、主要参编人员，主审、参与审查人员名单；
7 标准的参加单位和参加人员名单（如有）。

2.0.8 目次应紧接前言另页起排，并符合下列规定：

1 应按顺序列出章、节的序号、标题及页码，并依次列出附录、用词用语说明。
2 目次中的标题应与正文的标题一致。
3 目次中的页码应起始于第 1 章。
4 标准的前言不应编入目次。
5 目次中的页码应采用阿拉伯数字且不加括号。

3 正文部分

3.1 一般规定

3.1.1 标准的正文部分应包括总则、术语和符号、技术规定。

3.2 总则

3.2.1 总则不宜分节，并应按下列内容和顺序编写：
 1 制修订标准的目的；
 2 标准的适用范围；
 3 标准的共性要求；
 4 执行相关标准的要求。

3.2.2 标准的适用范围应与标准的名称及其规定的技术内容一致。在规定的适用范围内，当有不适用的内容时，应指明该标准不适用的范围。不应出现参照执行的要求。

条文说明

　　当标准名称的覆盖领域或范围较大时，其适用范围要明确界定本标准的实际适用范围。

3.2.3 对标准的适用范围应采用"本标准（规范、规程、导则等）适用于……"的典型用语；对标准的不适用范围应采用"本标准（规范、规程、导则等）不适用于……"的典型用语。

3.2.4 标准的共性要求应为涉及整个标准的基本原则，或是与大部分章、节有关的基本要求。当共性要求的内容较多时，对于宏观的共性要求可在总则明确，具体的共性要求可独立设章，章名宜采用"基本规定"。

3.2.5 执行相关标准的要求应采用"……除应符合本标准（规范、规程、导则等）的规定外，尚应符合国家和行业现行有关强制性标准的规定"的典型用语。

3.3 术语和符号

3.3.1 术语和符号宜独立设章。术语和符号均有时，章名应为"术语和符号"，且应分节。只有术语或只有符号时，章名可简化为"术语"或"符号"。术语和符号均没有时，可不独立设章。

3.3.2 标准选列的术语应是在本标准中有特定含义的术语或执行标准中出现频率高的术语。术语定义应准确、简练，不应作技术规定。术语的英文译名宜采用现行公路工程行业标准英文版的译名。

3.3.3 术语应按出现顺序给出定义和英文译名。英文译名列于该术语之后，空一字、不加标点。除专用名词外，英文译名应小写。

3.3.4 标准选列的符号应符合国家现行有关标准的规定，可包括代号或缩略语。当现行标准中没有规定时，应采用国际通用的符号。当无国际通用的符号时，宜采用英文字母符号表示，其角标字母应使用小写英文字母。

3.3.5 术语、符号应前后一致。在公路工程行业标准中，同一术语、符号应表示同一概念；同一概念应采用同一术语、符号表述。

3.3.6 符号应优先采用英文字母，排列顺序应符合下列规定：
1 英文字母应位于希腊字母之前，希腊字母应位于其他特殊符号之前。
2 字母应按顺序排列；同一字母，大写的应位于小写的之前。
3 无角标字母位于有角标字母之前（如 H、H_d）；有字母角标的字母位于有数字角标的字母之前（如 H_d、H_2）。

3.4 技术规定

3.4.1 技术规定应根据标准的具体内容划分为若干章。

3.4.2 技术规定的每一章宜根据该章的具体内容分为若干节，当某一章中的技术内容单一时，也可不分节。

3.4.3 当某一章中的某些技术规定与该章大部分节的内容有关联时，可将其单独列出成为该章的第一节，并定名为"一般规定"。

3.4.4 技术规定中的每一节可分为若干条,每一条应对一项技术内容作出规定。

3.4.5 当某一条的内容较多或复杂时,可分为若干款。

3.4.6 当某一款的内容较复杂时,可分为若干项,项不宜再细分。

3.4.7 技术规定的编写应符合下列规定:
1 应符合国家法律、法规和有关方针、政策。
2 应与相关强制性标准一致,与相关推荐性标准协调。
3 应规定需要遵循的原则、达到的技术指标或要求、采取的技术措施,或需禁止的内容。
4 不得阐述制定条文的目的、意义或理由。
5 定性、定量规定应准确、有据,技术指标的规定应明确、具体。
6 纳入标准的条文,应经工程实践检验是成熟、普遍、适用的技术,或经试验验证是先进引领、安全可靠的技术。
7 文字表达应逻辑严谨、简练、准确,不得有歧义。
8 所列公式,应仅给出最后表达式,不应列出推导过程。对公式符号的解释,可包括简单的参数取值规定,但不得作其他技术规定。
9 条文内容宜作正面规定。
10 技术规定中的具体指标应高于全国中上水平。

条文说明
2 条文中的"应与相关强制性标准一致,与相关推荐性标准协调",是指对现行相关专业领域内尚未确定的技术内容,可以作必要的补充;但不得重复现行标准中已有的规定,更不能随意修改其标准内容。

3.4.8 标准中"条"应有表示严格程度的用词,"款"宜有表示严格程度的用词,"项"不宜采用表示严格程度的用词。

3.4.9 表示严格程度的用词应准确,并应符合本导则第4.3节的规定。

3.5 引用标准

3.5.1 公路工程行业标准正文涉及内容在有关标准中已有规定时,可直接引用有关国家标准或行业标准,不应直接引用地方标准、团体标准和企业标准。

3.5.2 公路工程行业标准正文的技术内容来源于地方标准、团体标准和企业标准中相关内容时，应经过专家论证，并应在条文说明中给予说明，不应直接引用其名称和编号。

3.5.3 公路工程行业标准正文规定采用国际标准的有关内容时，应经过研究论证，且不得直接引用其名称和编号。

3.5.4 公路工程行业标准正文中引用标准，应指明被引用标准的名称、代号、顺序号。被引用标准修订后仍然适用的应不写年号，在标准名称前加"现行"两字；被引用标准修订后不再适用的应注明年号。

4 补充部分

4.1 一般规定

4.1.1 标准的补充部分应包括附录、用词用语说明。

4.2 附录

4.2.1 附录应与标准正文具有同等效力，可以文字、图、表等方式表达。附录编写应执行正文的有关规定。

4.2.2 当标准某条文涉及内容较多且相对独立时，宜作为附录单列。每个附录的内容应完整。

4.2.3 附录应从标准正文的条文中引出，不应从总则、附录、条文说明中引出。

4.2.4 标准的条文与附录之间应有连接用语，正文引用附录时应采用"……应符合本标准（规范、规程、导则等）附录×的有关规定"，或"……宜按本标准（规范、规程、导则等）附录×的规定取值"，或"……可按本标准（规范、规程、导则等）附录×的方法计算"等典型用语。

4.3 用词用语说明

4.3.1 表示严格程度的用词应采用规定的典型用词。

4.3.2 对执行标准严格程度的用词，应采用下列写法：
1 表示很严格，非这样做不可的用词，正面词采用"必须"，反面词采用"严禁"；
2 表示严格，在正常情况下均应这样做的用词，正面词采用"应"，反面词采用"不应"或"不得"；
3 表示允许稍有选择，在条件许可时首先应这样做的用词，正面词采用"宜"，反面词采用"不宜"；

4 表示有选择，在一定条件下可以这样做的用词，采用"可"。

4.3.3 标准条文中有不同层次或不同内容需要连接时，其用语应符合下列规定：

1 标准的条与款之间、款与项之间应有连接用语，宜采用"符合下列规定"、"遵循下列原则"、"包括下列内容"或"满足下列要求"等用语。

2 标准的文字与表格之间应有引出用语，宜采用"按表×.×.×确定"、"符合表×.×.×的规定"或"采用表×.×.×中的数值"等用语。

3 标准的文字与公式之间应有引出用语，当只有一个公式时，应采用"按式（×.×.×）计算"或"按下式计算"；当有两个及两个以上公式时，应采用"按式（×.×.×）~式（×.×.×）计算"或"按下列公式计算"等用语。

4 标准的文字与图之间应有引出用语，可采用"如图×.×.×所示"、"见图×.×.×"或"（图×.×.×）"等用语。

4.3.4 引用标准的用语应符合下列规定：

1 在标准条文及其他规定中，当引用的标准为国家标准和行业标准时，应表述为"应符合现行《××××××》（×××）的有关规定"。

2 当引用本标准（规范、规程、导则等）中的其他规定时，应表述为"应符合本标准（规范、规程、导则等）第×章的有关规定"、"应符合本标准（规范、规程、导则等）第×.×节的有关规定"、"应符合本标准（规范、规程、导则等）第×.×.×条的有关规定"或"应按本标准（规范、规程、导则等）第×.×.×条的有关规定执行"。

4.3.5 连词的使用应符合下列规定：

1 表示并列关系、联合关系的两个或两个以上同类词或词组应采用"和"、"与"、"及"连接。

2 表示选择关系、等同关系的两个或两个以上同类词或词组应采用"或"连接。

条文说明

用"及"连接的成分多在意义上有主次之分，主要的成分放在"及"的前面。

4.3.6 在叙述性文字中，描述绝对值相等的偏差范围时，应采用"允许偏差为±×"的典型用语，不应采用"允许偏差不大于或不小于"、"允许偏差不超过"等用语。

4.3.7 标准的用词用语说明应单独列出，编排在正文、附录之后。

5 条文说明

5.0.1 公路工程行业标准正文中的条文需要详细解释，以便于准确理解和把握条文本意时，应编写条文说明。不会产生歧义的可不编写说明。

5.0.2 条文说明内容的编写应符合下列规定：
1 应按标准的章、节、条顺序，以条为基础进行说明。需对术语、符号说明时，可按章或节为基础进行说明。
2 应解释和说明该条文或其中参数或指标制修订的背景、依据等，标准用词、用语的含义以及在执行中需注意的事项等。所引用的数据和资料应准确、可靠，对引用的重要数据和图表还应说明出处，以及与正文的关系。
3 表述应严谨明确、简练易懂、针对性强。
4 当相邻若干条或某一整节的技术内容关系密切时，可合写一段说明，起止条号用"～"连接。
5 对修订或局部修订的标准，其修改条文的条文说明也应作相应修改，并应对新旧条文进行对比说明；未修改的条文宜保留原条文说明，也可根据需要重新进行说明。
6 条文说明的内容不得采用注释。

5.0.3 条文说明的内容应符合下列规定：
1 条文说明不得写入涉及国家规定的保密内容。
2 条文说明不得写入企业名称、机构名称、产品及品牌名称，不得以任何形式为有关企业、产品做广告或变相的宣传。
3 条文说明不得写入有损公平、公正原则的内容。

5.0.4 条文说明不得对条文内容作补充规定或加以引申。

5.0.5 条文说明对严格程度用词的解释应与条文保持一致，不应出现严格程度用语。

5.0.6 条文说明应紧随所解释的条文排列。

6 编写方法

6.1 一般规定

6.1.1 公路工程行业标准编制程序和报送文件应符合现行《公路工程行业标准制修订管理导则》(JTG 1002)的有关规定。

6.1.2 公路工程行业标准的编写过程应包括编制大纲、征求意见稿、送审稿、总校稿和报批稿五个阶段。

6.2 编制大纲

6.2.1 标准编制大纲应包括工作大纲和编写大纲。工作大纲应重点编写标准编制的工作程序和方式方法；编写大纲应重点编写标准制修订的技术内容和章节框架。

6.2.2 工作大纲应包括下列内容：
1 标准制修订的背景和必要性；
2 标准制修订的指导思想和原则；
3 国内外已有工程经验和科研基础；
4 拟调研的主要内容、范围、方法、数量，并形成调研方案；
5 必要的研究、测试验证项目及其数量和方案，并阐述理由；
6 编制组主编、成员及其分工；
7 详细工作进度计划；
8 主编单位保证编写质量的内部审核制度。

6.2.3 调研部分的编写应满足下列要求：
1 拟调研的主要内容，包括相关标准规范、工程经验与研究成果、技术问题等。
2 调研范围，强制性行业标准必须多于 6 个代表性省（自治区、直辖市），推荐性行业标准不应少于 6 个代表性省（自治区、直辖市）。省（自治区、直辖市）的选择应具有区域、技术等的代表性和典型性。
3 调研方法，根据标准的内容选择建设、勘察设计、施工、养护、管理、运营、服务和法律等一个或多个相关领域的单位及专家，明确函调、会议、实地调研等方式方法。
  4 调研数量，满足所编标准技术内容的编写要求。
  5 调研方案，包括调研目的、内容、范围、方法、数量、人员和进度等计划。

6.2.4 编写大纲应包括下列内容：
  1 标准属性，即写明属于强制性行业标准或推荐性行业标准。
  2 标准定位，即确定在行业标准体系中所属板块和模块。
  3 与上位标准和下位标准之间的层属关系，与同级标准之间的界面关系。
  4 与国内相关行业技术标准和国外同类技术标准的关系。
  5 标准主要技术内容，制定标准应说明核心技术内容、章节目次编排依据、存在问题和对策方案；修订标准应说明修订的核心技术内容，宜保留原结构，如需调整，应说明理由。
  6 标准制定目的、适用范围、章节名称和主要条文的内容。

6.3 征求意见稿

6.3.1 征求意见稿应在审查后修改的编制大纲基础上开展编写工作。

6.3.2 调研应包括下列内容：
  1 标准制修订存在的技术问题；
  2 标准与国家法律法规的符合性，以及与相关标准的协调情况；
  3 已建工程项目的实践经验；
  4 与标准制修订内容相关的行业内外科研成果；
  5 国内外相关标准；
  6 其他有关内容。

6.3.3 调研工作应细化编制大纲的调研方案，制定调研表单，对有典型意义的省（自治区、直辖市）或代表性工程应开展实地调研，必要时应开展国外实地调研。

6.3.4 调研结束后应编写调研报告。调研报告应包括下列内容：
  1 调研工作的基本情况；
  2 标准与国家法律法规及相关标准的关系；
  3 标准存在的主要技术问题和需求；
  4 相关工程经验总结；
  5 对国内外相关标准和科研成果的总结分析；
  6 标准制修订的主要内容。

6.3.5 对某些技术内容进行测试验证时，应制订测试验证工作方案，明确统一的测试验证方法，形成测试验证报告，并进行专家论证。测试验证报告应包括下列内容：
1 测试验证的内容或指标；
2 测试验证采用的方法或技术途径；
3 测试验证主要过程；
4 数据计算与分析；
5 验证结论等。

6.3.6 对难以取得统一意见的重大技术问题，应进行专题研究或论证，并形成专题报告。专题报告应包括研究或论证的目的、方法与过程、结论等内容。

6.3.7 征求意见稿条文和条文说明的编写应符合下列规定：
1 技术内容应结合国家和行业规划、政策及行业发展方向、趋势等因素综合确定。
2 对直接涉及安全、工程质量、人体健康、环境保护、资源节约等公众利益的技术指标，应规定限值。
3 科学研究成果纳入行业标准时，应有试设计报告或实体工程使用验证报告。

6.3.8 征求意见稿的意见处理结论可包括采纳、部分采纳和未采纳。对部分采纳的意见，应分别说明采纳和未采纳的内容及修改要点；对未采纳的意见，应说明理由。

6.3.9 征求意见稿的意见汇总处理表宜采用表6.3.9的形式，征求意见汇总顺序应按标准的章条号排列，并在表后注明发函单位和专家数量、回函单位数量和未回函单位数量。

表6.3.9 公路工程行业标准×××阶段意见汇总处理表

序号	章节/条文号	意见和建议	提出单位/专家	意见处理	主要理由
1					
2					
…					

注：发函单位和专家数量、回函单位数量和未回函单位数量。

6.4 送审稿

6.4.1 送审稿编写应充分研究征求意见稿和征求意见会的反馈意见，以及吸纳送审稿编制过程中补充调研、测试验证、专题论证的成果。

6.4.2 对未达到大纲要求的深度或存在不同意见的规定和指标值，应补充调研论证；

对虽满足大纲要求的深度但仍需补充调研或论证的条文规定，当不具备相关补充工作条件时，暂不写入标准。

6.4.3 对工程实施有可能产生较大影响的内容或条文，应据此组织试设计或根据需要选择有代表性的工程进行试用，提出试用评价报告。

6.4.4 送审稿应满足下列要求：
1 应按编制大纲要求的内容、数量、范围和深度，完成所有论证、验证、调研等工作。
2 应对征求意见进行研究，并修改完善。
3 应完成需要的补充调研、测试验证、专题论证等工作，并对标准条文和条文说明进行修改完善。
4 标准条文应内容完整、条理清晰，编排格式应符合本导则第 7 章的有关规定。
5 条文说明应符合本导则第 5 章的有关规定。

6.4.5 送审报告应包括下列内容：
1 标准编制的主要工作过程；
2 标准编制过程中主要论证、验证、调研的内容及结论；
3 标准重点内容确定的依据及成熟程度；
4 制修订标准主要技术规定和指标与国内外同类技术和标准的对比；
5 存在的问题和建议等。

6.4.6 补充调研报告、测试验证和专题论证报告的内容应分别符合本导则第 6.3.5 条和第 6.3.6 条的规定。

6.4.7 试用评价报告应包括下列内容：
1 试用的标准内容或条文及其重要性和意义；
2 工程简介及代表性说明；
3 试用过程；
4 试用结论；
5 问题与建议等。

6.5 总校稿

6.5.1 总校稿编写应研究、论证送审稿的审查意见，并进行修改、完善。

6.5.2 总校稿宜做到表述规范、逻辑严谨、数据准确、用词用语完整、符号代号一致，条文说明应符合本导则第 5 章的有关规定。

6.6 报批稿

6.6.1 报批稿编写应研究、论证总校稿的审查意见，并进行修改、完善。

6.6.2 报批稿应满足下列要求：
1 标准报批稿的内容应按总校会审查意见进行修改和完善。
2 标准内容应符合国家有关政策和法律法规、规章。
3 标准主编单位、参编单位、标准编制和审查人员名单应经过核定。

6.6.3 报批报告应包括下列内容：
1 主要工作过程，简要阐述标准制修订各阶段工作过程、调研过程等。
2 国内外现状，反映国家和行业相关标准的现状，以及与相关国际标准的对比分析。
3 制修订标准主要内容，逐章说明标准制定或修订条文的主要内容，以及条文制修订的背景、作用和影响。
4 各阶段审查意见，阐述标准制修订各阶段的主要审查意见及其处理情况。
5 试验验证情况，阐述专项试验验证情况，以及体现技术先进性指标的选取和验证情况。
6 标准实施的风险分析，阐述标准发布实施的影响，重点对直接涉及安全、质量、生态环保等社会和行业关注问题的标准条文进行论述。
7 变更后经批准的编写单位和编写组人员（如有）。
8 问题和建议，重点对标准中遗留的问题以及下一阶段将开展的相关科研、试验验证等作出阐述，对标准涉及的相关管理问题提出建议。

6.6.4 报批报告应内容完整，能够全面准确反映标准的编制工作，有关技术资料齐备。

7 编排规则

7.1 一般规定

7.1.1 条文应采用文字表达，可辅以图表说明。

7.1.2 页码的编写应符合下列规定：
 1 标准应编排页码，页码应从正文的第 1 章排起，并应顺序编排。
 2 前言和目次的内容多于 1 页时，应单独编排页码。
 3 页码应排在正文下方。
 4 页码应采用正体居中排，数字两边应加半字线修饰。

7.1.3 书眉的编写应符合下列规定：
 1 应从标准的前言开始，在每页书眉位置排标准的名称、编号及章名。
 2 奇数页码应在书眉的右侧排标准的章名；偶数页码应在书眉的左侧排标准的名称及编号。
 3 书眉与正文间应用细实线分开。

7.2 编排格式

7.2.1 标准正文应按章、节、条、款、项划分层次。在同一层次中应遵循共性优先、逻辑前后的原则进行排序。

7.2.2 章的编写应符合下列规定：
 1 章的编号应采用阿拉伯数字，从阿拉伯数字"1"开始顺序编号。
 2 章应有标题，章的编号与标题应靠左顶格书写。
 3 章的标题应在编号后空一字书写，回行后内容应对齐。

条文说明

　　章是标准的分类单元，是标准的第一层次，需有标题。

7.2.3 节的编写应符合下列规定：

1 节的编号应采用阿拉伯数字，编号应由章号和节号两部分组成，中间应以下圆点隔开。

2 章内不分节时，编号时节的占位应采用"0"表示。

3 节应有标题，节的编号与标题应靠左顶格书写。

4 节的标题应在编号后空一字书写，回行后内容应对齐。

5 节的编号应在所属的章内连续。

条文说明

节是标准的分组单元，是标准的第二层次，需有标题。

7.2.4 条的编写应符合下列规定：

1 条的编号应采用阿拉伯数字，编号应由章号、节号和条号三部分组成，中间均应以下圆点隔开。

2 条的编号应左起空一字书写，条的内容应在编号后空一字书写，回行后应顶格书写。

3 条不应采用标题的形式表述。

4 条的内容不宜分段书写；同一条内容表达的意思有层级关系时，可用款表达。

5 条的编号应在所属的节内连续。节下仅有一条时，也应编号。

7.2.5 款的编写应符合下列规定：

1 款的编号应采用阿拉伯数字，从阿拉伯数字"1"开始顺序编号。

2 款的编号应左起空两字书写，款的内容应在编号后空一字书写，回行后应顶格书写。

3 款不宜采用标题的形式表述。

4 款的内容不宜单独作为一个规定而被引用。

5 款的内容不得分段书写；同一款内容表达的意思有层级关系时，可用项表达。

6 款的编号应在所属的条内连续。

7 款中的严格程度用词不得比条中的严格程度用词更加严格。

条文说明

注意条与款中严格程度用词的不同：如果条中用"应"，则款中可以用"应"、"宜"、"可"；如果条中用"宜"，则款中只能用"宜"、"可"，不能用"应"；如果条中用"可"，则款中只能用"可"，不能用"应"、"宜"。

7.2.6 项的编写应符合下列规定：

1　项的编号采用右边带半括号的阿拉伯数字，从"1)"开始顺序编号。
2　项的编号应左起空两字书写，项的内容接排不空字，回行后应顶格书写。
3　项不宜采用标题的形式表述。
4　项的内容不得单独作为一个规定而被引用。
5　项的内容不得分段书写。
6　项的编号应在所属的款内连续。

条文说明

3　项是款的细分层次，内容可以是也可以不是一个规定。

7.2.7　标准的条文不宜使用括号进行内容解释或补充。

7.2.8　符号的编写应符合下列规定：

1　符号可分节，不宜编号。
2　性质相同的多个符号可编在同一条内。
3　符号的计量单位不宜列出。
4　符号与其含义之间应加破折号，含义应在破折号后对齐，各破折号也应对齐。最后一条符号句末应采用句号，其上各符号句末应采用分号。

7.2.9　附录的编写应符合下列规定：

1　附录的层次划分和编号方法应与正文相同。
2　附录的编号应采用大写正体英文字母，从"A"起连续编号，编号应写在"附录"两字后面。
3　附录的编号不得采用"I"、"O"、"X"三个字母。
4　附录应按正文中被引用的先后顺序依次编排。
5　附录应设置标题，其编排格式应与章的编排格式一致。
6　附录中表、公式、图的编号方法应与正文一致。
7　当一个附录中的内容仅为一个表时，不应编节、条号，应在附录号前加"表"字编号。
8　当一个附录中的内容仅为一个图时，不应编节、条号，应在附录号前加"图"字编号。

条文说明

可以把附录作为一章对待，其编号采用大写英文字母表示，其层次划分和编号方法也与正文基本相同，需要注意的是：

3 附录的编号不采用"I"、"O"、"X"三个字母,因为容易与数字"1"、"0"以及大写罗马数字"X"混淆。

7、8 一个附录的内容中仅有一个表或一个图时,直接用"表(图)+附录顺序号"表示,不必再加上节、条等编号。例如,附录D中只有一个表(图),其编号就为"表(图)D"。

7.2.10 标准的层次及编号格式应符合本导则附录E的有关规定,条文和条文说明排列格式应符合本导则附录F的有关规定,字体字号应符合本导则附录G的有关规定。

7.3 表

7.3.1 表应有表号和表名,表号应排表名前,表号与表名之间应空一字。表号和表名应书写在表格上方居中。

7.3.2 条文中的表应按条号加"表"字编号。当同一条文有多个表时,应采用条号后加表的顺序号,其间应用半字线连接。

条文说明

同一条文中有多个表时,采用条号后加表的顺序号,如第7.3.2条有两个表时,其表号分别为"表7.3.2-1"和"表7.3.2-2"。

7.3.3 表应接排在相关条文内容之后,表名应与条文规定一致,表中内容应与条文的内容相呼应。

条文说明

表排在有关条文内容之后,不能出现先见表格后见条文的情况。此外,表尽可能地接排条文内容,不要距条文过远。

7.3.4 表的外框线应采用粗实线,其他表线应为细实线。表左右应封闭。表头中不应使用斜线。

条文说明

本条规定表不使用斜线表头。例如:
不正确的表:

坡度（%） \ 设计速度（km/h）	120	100	80	60	40	30	20
6			500	600	700	700	800
7					500	500	600
8					300	300	400

表 ×.×.×　最大坡长（m）

正确的表：

表 ×.×.×　最大坡长（m）

坡度（%）	设计速度（km/h）						
	120	100	80	60	40	30	20
6	—	—	500	600	700	700	800
7	—	—	—	—	500	500	600
8	—	—	—	—	300	300	400

7.3.5　表可采用竖排、横排、分页接排或做成和合版的形式。

条文说明

　　对于比较大的表，如果一个页面难以放下，可以做成和合版的形式，即在偶数页和奇数页各放表的一部分，使两个页面组成一张表，但需注意：只能是偶-奇组合而不能是奇-偶组合。

7.3.6　表不宜分页排；当必须分页时，表格下部宜将一个横栏排完，并用细实线闭合。次页接排的表格不得省略表头，并应在表格上沿居中书写"续表×.×.×"。

7.3.7　表格各列文字、数字或小数点应对齐。当表栏中文字或数字相同时，应通栏表示或重复书写，不得采用"同上"、"同左"、"同右"等简略表示方式。当表栏中无内容时，应以"—"表示，不留空白。

7.3.8　当表各栏数值的计量单位相同时，应把共同的计量单位加圆括号后紧接表名右方书写；计量单位不同时，应将计量单位书写在相应表栏名称的右方或正下方，计量单位应加圆括号。

7.3.9　条文说明中的表号应由"表"字加章号和该表在该章中的顺序号组成，章号和顺序号之间应用半字线连接。

条文说明

条文说明中的表不按条号编号而按章号编号，是为了避免检索时有相同表号不同内容的情况出现。

7.4 图

7.4.1 标准中引用须报送国家及地方测绘地理信息主管部门审核的地图时，应符合有关法律法规的规定。

7.4.2 图应有图名，并应列于图下方居中。

7.4.3 条文中的图应按条号前加"图"字编号。当同一条文有多幅图时，可在条号后加图的顺序号，其间应用半字线连接。

条文说明

同一条文中有多个图时，采用条号后加图的顺序号。如第7.4.3条有两个图时，其图号分别为"图7.4.3-1"和"图7.4.3-2"。

7.4.4 当一幅图由几幅分图组成时，应在每幅分图下方采用a）、b）、c）……顺序编号；分图有名称时，应在顺序号后书写分图名称。

7.4.5 图应接排在相关条文内容之后，图名应与条文规定一致，图中内容应与条文的内容相呼应，也可在条文中采用括号标出图的编号。每幅图在条文中应明确提及。

7.4.6 图中不宜写文字，在示意性质的图上确需加注说明的，可标文字。图注号宜采用阿拉伯数字从"1"开始按顺时针编排，图注应在图名下方居中排列。

7.4.7 条文说明中的图号应由"图"字加章号和该图在该章中的顺序号组成，章号和顺序号之间应用半字线连接。

条文说明

条文说明中的图不按条号编号而按章号编号，是为了避免检索时有相同图号不同内容的情况出现。

7.5 公式

7.5.1 条文中的公式应按条号编号，并加圆括号，列于公式右侧顶格。当同一条文有多个公式时，应连续编号。

条文说明

　　同一条文中有多个公式时，采用条号后加公式的顺序号。如第 7.5.1 条有两个公式时，其公式号分别为"式（7.5.1-1）"和"式（7.5.1-2）"。

7.5.2 条文中的公式应居中书写。

7.5.3 公式应接排在相关条文内容之后，并应与条文的内容相呼应。条文中应引出所采用的公式。

7.5.4 公式中符号和计量单位的书写应符合下列规定：
　　1　公式中符号的意义应注释在公式下方"式中"二字之后。
　　2　"式中"二字应左起顶格，其后加冒号。
　　3　符号与注释之间应加破折号，同一公式中的破折号应对齐。
　　4　每条注释应另起一行书写；注释内容较多需要换行时，文字应在破折号后对齐。
　　5　公式中多次出现同一含义的符号时，应在第一次出现时加以注释，以后出现时可不重复注释。
　　6　最后一条注释的句末应采用句号，其上各条注释句末应采用分号。
　　7　计量单位应加圆括号接写在每条注释的文字之后。
　　8　宜按公式中符号的先后顺序依次解释。

7.5.5 当"式中"某符号注释的内容涉及技术规定时，可另立条或款编写。

7.5.6 条文说明中公式的编号应由章号和该公式在该章中的顺序号组成，章号和顺序号之间应用半字线连接。

条文说明

　　条文说明中公式的编号由章号和该公式在该章中的顺序号组成。如第 7 章的第二个公式，直接用"式（7-2）"表示。

7.6 数值

7.6.1 条文中的数值应采用正体阿拉伯数字。在叙述性文字段中，表达非物理量的数字为一至九时，可采用中文数字书写。

7.6.2 条文中的分数、百分数和比例数应按下列方式书写：
3/4 或 0.75，　　　　　　　　不得写成四分之三；
27%，　　　　　　　　　　　不得写成百分之二十七；
1:4.7，　　　　　　　　　　 不得写成一比四点七。

7.6.3 当书写的数值小于 1 时，应写出前定位的"0"。小数点应采用圆点，齐底线书写。

7.6.4 条文中标明量的数值，应反映出所需的精确度。数值的有效位数应全部写出。数列中的每一个数均应精确到小数点后相同的位数。

条文说明

数值的有效位数要全部写出。例如级差为 0.25 的数列，数列中的每一个数都要精确到小数点后第二位，如"1.50，1.75，2.00"，不能写成"1.5，1.75，2"。

7.6.5 小数点前或后有四位数及其以上时，从小数点起，向左或向右，第三位数字应空千字空，千字空占半个阿拉伯数字的位置。

条文说明

数字分节以前有用千分撇","的，在正式出版物上，现在统一用 1/4 个汉字（1/2 个阿拉伯数字）分开，如 2 748 465.30、3.141 592 65。

7.6.6 当多位数的数值需采用 10 的幂次方式表达时，有效位数中的"0"应全部写出。

条文说明

如 100000，若已明确其有效位数是三位，则写成 100×10^3；若有效位数是一位，则写成 1×10^5。

7.6.7 带有表示偏差范围的数值，应按下列方式书写：

20mm±2mm 或（20±2)mm, 　　　　　不应写成 20±2mm；
20℃$^{+2}_{-1}$℃, 　　　　　　　　　　　不应写成 20$^{+2}_{-1}$℃；
0.65±0.05, 　　　　　　　　　　　不应写成 0.65±.05；
50$^{+2}_{0}$mm, 　　　　　　　　　　　不应写成 50$^{+2}_{-0}$mm；
(55±4)%, 　　　　　　　　　　　不应写成 55±4% 或 55%±4%。

7.6.8 表示参数范围的数值，应按下列方式书写：
10%～12%, 　　　　　　　　　　　不应写成 10～20%；
$1.1×10^5$～$1.3×10^5$, 　　　　　不应写成 1.1～$1.3×10^5$；
18°～36°30′, 　　　　　　　　　　不应写成 18～36°30′；
18°30′～-18°30′, 　　　　　　　　不应写成 ±18°±30′。

7.6.9 带有长度单位的数值相乘，应按下列方式书写：

外形尺寸 $l×b×h$(mm)：200×100×50 或 200mm×100mm×50mm，不应写成 200×100×50mm。

7.6.10 数值相乘应采用"×"，而不采用"·"。

7.7 计量单位和符号

7.7.1 条文中表示量值时，应标明其单位，单位应采用法定计量单位。常用法定计量单位及其换算应符合本导则附录 H 的有关规定。

7.7.2 条文中的物理量和有数值的单位应采用符号表示，不应使用中文、外文单词或缩略词代替。

7.7.3 在条文叙述中，不得使用符号代替文字说明。

条文说明

组合单位中含有计数单位或没有国际符号的计量时，允许用汉字和单位的国际符号组成的复合单位，如"元/t"、"m^2/人"、"kg/（月·人）"等。

万和亿是我国习惯使用的数词，可以与单位符号连用。如"万吨公里"、"亿千瓦时"、"亿立方米"，可以写为"万t·km"、"亿kW·h"、"亿m^3"。

7.7.4 在条文中应正确使用符号，变量符号应采用斜体字母，非变量符号应采用正体字母；当上、下角标为物理量符号、坐标轴、连续数或表示数的字母符号时，应采用斜体字母，其他情况应采用正体字母。

7.7.5 当标准条文中列有同一计量单位的系列数值时,可仅在最末一个数字后写出计量单位的符号。

条文说明

例如:桥涵标准化跨径为 0.75、1.0、1.25、1.5、2.0、2.5、3.0、4.0、5.0、6.0、8.0、10、13、16、20、25、30、40、45、50m。

7.8 汉字及标点符号

7.8.1 标准的文字应采用国家正式公布实施的简化汉字,不得采用繁体字、异体字或非正规简化字。

7.8.2 章节名称、图名、表名、公式、表栏标题,不宜采用标点符号;表中文字可使用标点符号,最末一句不用标点符号。

7.8.3 标点符号使用应符合现行《标点符号用法》(GB/T 15834)的规定,应采用中文标点书写格式。

7.8.4 每个标点符号宜占一个汉字位置。各行开始的第一个字符,除引号、括号、书名号和省略号外,不得书写其他标点符号。

7.9 注

7.9.1 注应包括表注和图注。

7.9.2 注应只给出理解或使用标准的解释性信息,其内容不应包含技术规定和要求。

条文说明

表注和图注分别给出理解或使用标准某一部分的解释性信息。
表脚注和图脚注分别给出理解或使用标准中某一个词和某一个概念的解释性信息。

7.9.3 注中不应出现图、表或公式。

7.9.4 表注和图注应在"注"字后加冒号,接写注释内容;注释内容换行书写时,应与上行内容的首字对齐。

7.9.5 表注和图注多于一个时,应采用1、2、3等顺序编号;每个注应另起一行,前空两个汉字,注的内容与顺序之间加一下圆点,句末使用句号。

7.9.6 表的脚注应符合下列规定:
 1 表的脚注应单独编号并置于表的下方;当有表注时,应紧跟表注。
 2 表的脚注应采用上标形式的小写英文字母按 a、b、c 等顺序编号。
 3 在表中需注释的位置,应以相同的上标形式的小写英文字母标明表的脚注。

7.9.7 图的脚注应符合下列规定:
 1 图的脚注应单独编号并置于图名之下;当有图注时,应紧跟图注。
 2 图的脚注应采用上标形式的小写英文字母按 a、b、c 等顺序编号。
 3 在图中需注释的位置,应以相同的上标形式的小写英文字母标明图的脚注。

附录 A 公路工程行业标准封面格式

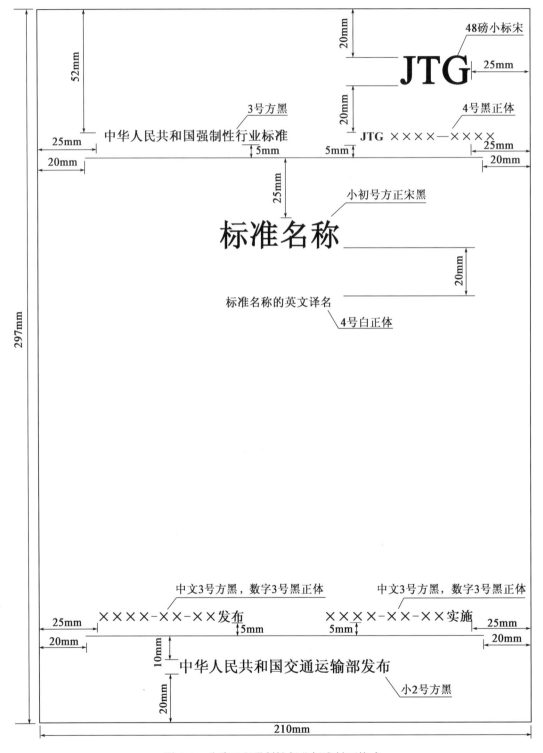

图 A-1 公路工程强制性行业标准封面格式

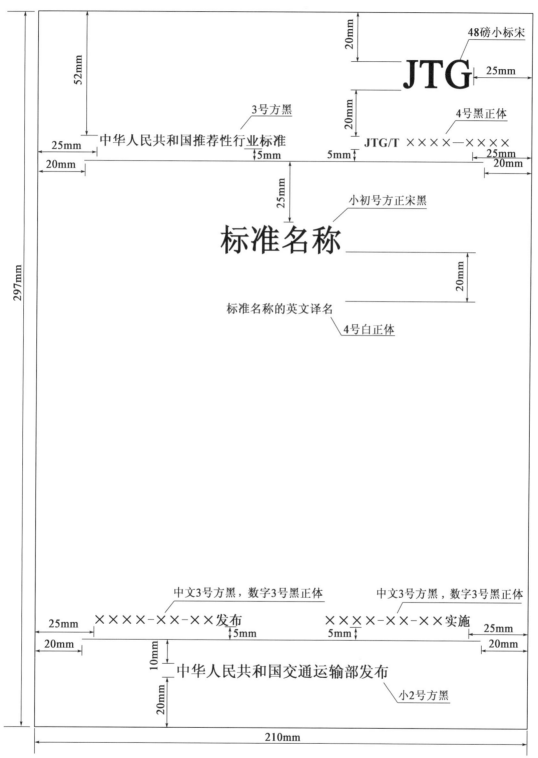

图 A-2 公路工程推荐性行业标准封面格式

附录 B 公路工程行业标准扉页格式

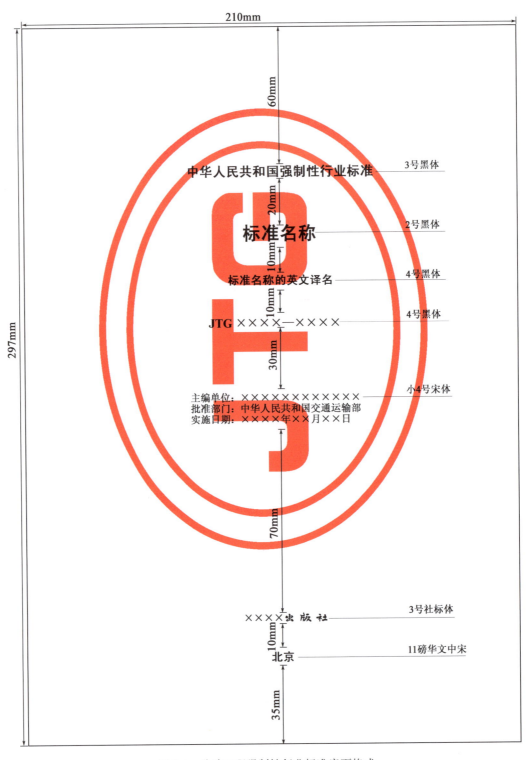

图 B-1 公路工程强制性行业标准扉页格式

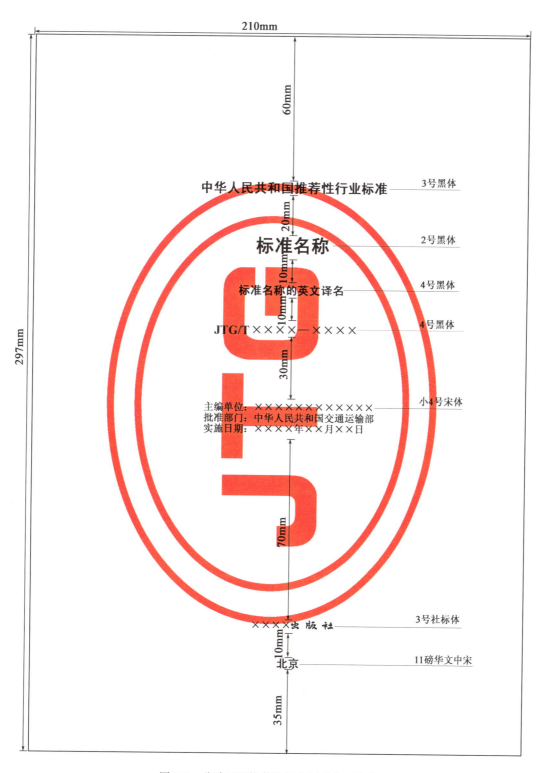

图 B-2　公路工程推荐性行业标准扉页格式

附录 C 公路工程行业标准公告格式

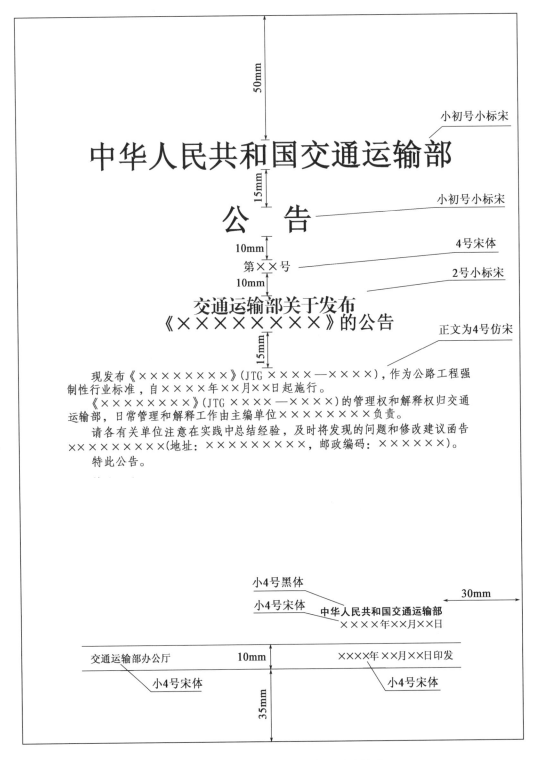

图 C-1 公路工程强制性行业标准公告格式

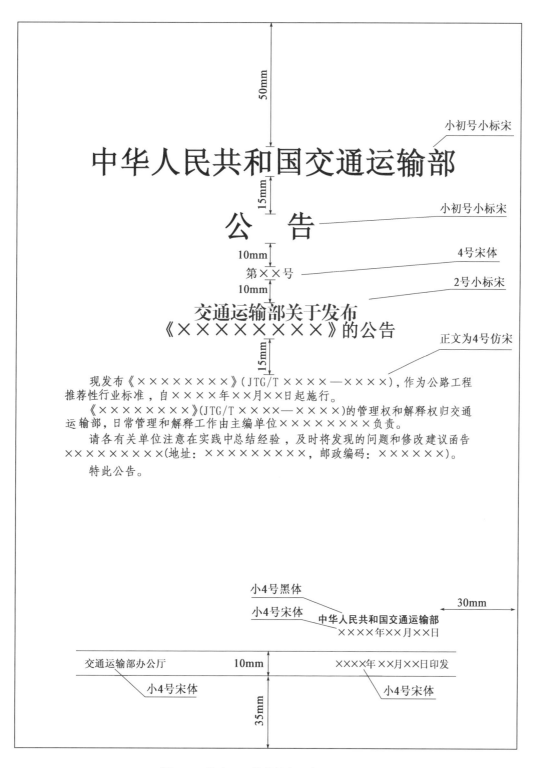

图 C-2　公路工程推荐性行业标准公告格式

附录 D 公路工程行业标准前言示例

前　言

根据《交通运输部关于下达20××年度公路工程行业标准制修订项目计划的通知》（交公路函〔20××〕××号）的要求，由×××承担《公路×××标准》（以下简称"本标准"）的制定工作。

本标准（规范、规程、导则等）制定的指导思想、编写原则：……

本标准（规范、规程、导则等）的主要技术内容：……

本标准（规范、规程、导则等）由×××负责起草第×××章，×××负责起草第×××章，……

请各有关单位在执行过程中，将发现的问题和意见，函告本标准（规范、规程、导则等）日常管理组，联系人：×××（地址：×××，邮编：×××；电话：×××，传真：×××；电子邮箱：×××），以便修订时参考。

主　编　单　位：××××
参　编　单　位：××××

主　　　　　编：×××
主要参编人员：×××　×××　……

主　　　　　审：×××
参与审查人员：×××　×××　……

参　加　单　位：××××
参　加　人　员：×××　×××　……

图 D-1　制定标准前言格式

前　　言

根据《交通运输部关于下达20××年度公路工程行业标准制修订项目计划的通知》（交公路函〔20××〕××号）的要求，由××××承担《公路××××标准》（×××××××—××××）的修订工作。

本标准（规范、规程、导则等）修订的指导思想、编写原则：……

本标准（规范、规程、导则等）的主要技术内容及其修订要点：……

本标准（规范、规程、导则等）由×××负责起草第×××章，×××负责起草第×××章，……

请各有关单位在执行过程中，将发现的问题和意见，函告本标准（规范、规程、导则等）日常管理组，联系人：×××（地址：×××，邮编：×××；电话：×××，传真：×××；电子邮箱：×××），以便下次修订时参考。

主　编　单　位：××××
参　编　单　位：××××

主　　　　　编：×××
主要参编人员：×××　×××……

主　　　　　审：×××
参与审查人员：×××　×××……

参　加　单　位：××××
参　加　人　员：×××　×××……

图 D-2　修订标准前言格式

附录 E 公路工程行业标准层次及编号格式

E.0.1 标准条文的层次及编号应符合图 E.0.1 的规定。

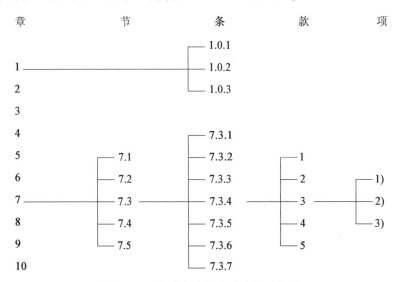

图 E.0.1 标准条文层次及编号示意图

E.0.2 标准附录的层次及编号应符合图 E.0.2 的规定。

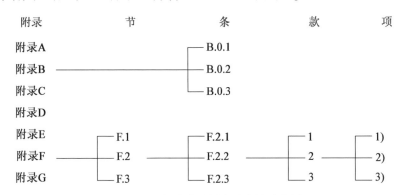

图 E.0.2 标准附录层次及编号示意图

附录 F 公路工程行业标准条文和条文说明排列格式

× 章名

×.× 节名

×.×.× ××（条内容）：

 1 ×××（款内容）。

 2 ×××（款内容）：

  1) ××××××××××××××××××××××××××××××××（项内容）；

  2) ×××××××××××××××××××××××（项内容）。

条文说明

 ×××。

×.×.× ××××××××××××按式（×.×.×）计算：

$$\lg N_\mathrm{f} = 12.409 - 12.570 \frac{\sigma_\mathrm{t}}{f_\mathrm{r}} \qquad (×.×.×)$$

式中：N_f——××××××××××（××）；

  σ_t——××××××××××××××××××××××××××××××××××（××）；

  f_r——×××××××××××××××××××（××）。

附录 G 公路工程行业标准中的字号和字体

表 G 公路工程行业标准中的字号和字体

序号	页别	位置	文字内容	字号和字体
1	封面	第一行右	公路工程行业标准标识 JTG	48 磅小标宋
2	封面	第二行左	中华人民共和国强制性/推荐性行业标准	3 号方黑
3	封面	第二行右	标准编号	4 号黑正体
4	封面	第三行中	标准名称	小初号方正宋黑
5	封面	第四行中	标准英文译名	4 号白正体
6	封面	倒第二行左	发布日期	中文 3 号方黑，数字 3 号黑正体
7	封面	倒第二行右	实施日期	中文 3 号方黑，数字 3 号黑正体
8	封面	倒第一行中	中华人民共和国交通运输部发布	小 2 号方黑
9	扉页	第一行中	中华人民共和国强制性/推荐性行业标准	3 号黑体
10	扉页	第二行中	标准名称	2 号黑体
11	扉页	第三行中	标准英文译名	4 号黑体
12	扉页	第四行中	标准编号	4 号黑体
13	扉页	第五行	主编单位	小 4 号宋体
14	扉页	第六行	批准部门	小 4 号宋体
15	扉页	第七行	实施日期	小 4 号宋体
16	扉页	倒第二行	出版社名	3 号社标体
17	扉页	倒第一行	出版地点	11 磅华文中宋
18	发布公告	第一、二行中	中华人民共和国交通运输部公告	小初号小标宋
19	发布公告	第三行中	公告号	4 号宋体
20	发布公告		标题	2 号小标宋
21	发布公告		公告内容	4 号仿宋
22	发布公告	倒第三行右	发布部门	小 4 号黑体
23	发布公告	倒第二行右	发布日期	小 4 号宋体
24	发布公告	倒第一行	印发部门及时间	小 4 号宋体
25	前言	第一行	书眉	小 5 号细黑

续表 G

序号	页别	位置	文 字 内 容	字号和字体
26	前言	正文第一行	前言	小 2 号黑体
27	前言		前言内容	小 4 号宋体
28	目次	第一行	书眉	小 5 号细黑
29	目次	正文第一行	目次	小 2 号黑体
30	目次		章、附录的编号和标题，用词用语说明	小 4 号黑体
31	目次		节的编号和标题	小 4 号宋体
32	正文各页	第一行	书眉	小 5 号细黑
33	正文各页		章的编号和标题	小 2 号宋体
34	正文各页		节的编号和标题	小 4 号黑体
35	正文各页		条的编号	小 4 号黑体
36	正文各页		款、项的编号，条文内容	小 4 号宋体
37	正文各页		表号及表名	5 号黑体
38	正文各页		条文的示例、注、表中内容、图号、图名	小 5 号宋体
39	正文各页		图中文字	小 5 号宋体
40	正文各页		条文说明	小 4 号楷体加粗
41	正文各页		条文说明内容	小 4 号楷体
42	正文各页		页码	5 号宋体

附录 H 常用法定计量单位

表 H-1 国际单位制的基本单位

量的名称	单位名称	单位符号
长度	米	m
质量	千克（公斤）	kg
时间	秒	s
电流	安［培］	A
热力学温度	开［尔文］	K
物质的量	摩［尔］	mol
发光强度	坎［德拉］	cd

表 H-2 国际单位制中具有专门名称的导出单位

量的名称	单位名称	单位符号	其他表示式例
平面角	弧度	rad	1
立体角	球面度	sr	1
频率	赫［兹］	Hz	s^{-1}
力；重力	牛［顿］	N	$kg \cdot m/s^2$
压力，压强；应力	帕［斯卡］	Pa	N/m^2
能量；功；热	焦［耳］	J	$N \cdot m$
功率；辐射通量	瓦［特］	W	J/s
电荷量	库［仑］	C	$A \cdot s$
电位；电压；电动势	伏［特］	V	W/A
电容	法［拉］	F	C/V
电阻	欧［姆］	Ω	V/A
电导	西［门子］	S	A/V
磁通量	韦［伯］	Wb	$V \cdot s$

续表 H-2

量的名称	单位名称	单位符号	其他表示式例
磁通量密度，磁感应强度	特［斯拉］	T	Wb/m^2
电感	亨［利］	H	Wb/A
摄氏温度	摄氏度	℃	
光通量	流［明］	lm	cd·sr
光照度	勒［克斯］	lx	lm/m^2
放射性活度	贝可［勒尔］	Bq	s^{-1}
吸收剂量	戈［瑞］	Gy	J/kg
剂量当量	希［沃特］	Sv	J/kg

表 H-3　国家选定的非国际单位制单位

量的名称	单位名称	单位符号	换算关系和说明
时间	分	min	1min=60s
	［小］时	h	1h=60min=3 600s
	天（日）	d	1d=24h=86 400s
平面角	［角］秒	(″)	1″=（π/648 000）rad（π为圆周率）
	［角］分	(′)	1′=60″=（π/10 800）rad
	度	(°)	1°=60′=（π/180）rad
旋转速度	转每分	r/min	1r/min=（1/60）s^{-1}
长度	海里	n mile	1n mile=1 852m（只用于航程）
速度	节	kn	1kn=1n mile/h=（1 852/3 600）m/s（只用于航行）
质量	吨	t	1t=10^3kg
	原子质量单位	u	1u≈1.660 540 2×10^{-27}kg
体积	升	L	1L=1dm^3=$10^{-3}$$m^3$
能	电子伏	eV	1eV≈1.602 177 33×10^{-19}J
级差	分贝	dB	用于对数量
线密度	特［克斯］	tex	1tex=1g/km
土地面积	公顷	hm^2,（ha）	1hm^2=$10^4$$m^2$=0.01$km^2$

表 H-4　用于构成十进倍数和分数单位的词头

所表示的因数	词头名称	词头符号
10^{18}	艾［可萨］	E
10^6	兆	M
10^3	千	k
10^2	百	h
10^1	十	da

续表 H-4

所表示的因数	词头名称	词头符号
10^{-1}	分	d
10^{-2}	厘	c
10^{-3}	毫	m
10^{-6}	微	μ
10^{-9}	纳［诺］	n

本导则用词用语说明

1 本导则执行严格程度的用词，采用下列写法：

1）表示很严格，非这样做不可的用词，正面词采用"必须"，反面词采用"严禁"；

2）表示严格，在正常情况下均应这样做的用词，正面词采用"应"，反面词采用"不应"或"不得"；

3）表示允许稍有选择，在条件许可时首先应这样做的用词，正面词采用"宜"，反面词采用"不宜"；

4）表示有选择，在一定条件下可以这样做的用词，采用"可"。

2 引用标准的用语采用下列写法：

1）在标准总则中表述与相关标准的关系时，采用"除应符合本导则的规定外，尚应符合国家和行业现行有关强制性标准的规定"。

2）在标准条文及其他规定中，当引用的标准为国家标准和行业标准时，表述为"应符合《××××××》（×××）的有关规定"。

3）当引用本标准中的其他规定时，表述为"应符合本导则第×章的有关规定"、"应符合本导则第×.×节的有关规定"、"应符合本导则第×.×.×条的有关规定"或"应按本导则第×.×.×条的有关规定执行"。